Die 5 Zutaten Küche

50 superleckere Rezepte,
die du garantiert nicht kennst
und für die du höchstens 5 Zutaten benötigst.

Copyright © Media Partisans 2017
Media Partisans GmbH
Berliner Str. 89
14467 Potsdam

ISBN: 978-3-00-057784-0

W0463542

Lecker Schmecker

Du findest uns auf:
www.leckerschmecker.me

Die Köche

Seit wir die Seite "Leckerschmecker" im Jahr 2016 auf Facebook gestartet haben, begeistert sie eine stetig wachsende Fangemeinde. Die Menschen lieben unsere unkonventionellen Rezeptideen, die so einfach wie lecker sind. Jung und Alt läuft bei den Kreationen des Leckerschmecker-Teams täglich das Wasser im Mund zusammen. Dieses Buch bietet ein Best-of unserer Rezept-Videos, die eines gemeinsam haben: Sie bestehen aus maximal 5 Zutaten.

Guten Appetit!

6
38
80

Snacks

Hauptgerichte

Desserts

Snacks

So geht's

1. Wasche die Kartoffeln (sie zu schälen ist nicht nötig) und stecke jeweils eine auf einen langen Holzspieß.

2. Setze ein Messer schräg an und schneide die Kartoffeln ein, bis das Messer auf den Spieß trifft. Drehe dann die Kartoffeln und halte dabei das Messer an seinem Platz. So entsteht eine Spirale, die du vorsichtig ein wenig auseinanderziehen kannst.

3. Gib die geschmolzene Butter in eine Schale und füge den Knoblauch, die Kräuter sowie Salz und Pfeffer hinzu. Mische das Ganze gut durch und bestreiche damit die Kartoffelspiralen.

4. Backe sie dann bei 190 °C für 20 Minuten.

Dafür brauchst du

- 4 mittelgroße Kartoffeln
- 50 g flüssige Butter
- 2 gehackte Knoblauchzehen
- 1 EL gehackte Kräuter (z.B. Oregano und Rosmarin)
- 4 Schaschlikspieße

Vorbereitungszeit: ca. 10 min
Koch-/Backzeit: 20 min

Portionen: 4

tipp

Streue etwas frisch geriebenen Parmesan über die Spiralen, um sie pikanter zu machen.

Gebackene Kartoffelspiralen

So geht's

1. Trenne das Ei in Eigelb und Eiweiß auf. Das Eigelb stellst du beiseite, das Eiweiß schlägst du steif. Beim Schlagen gibst du außerdem den Parmesan hinzu.
2. Gib den Eischnee auf ein eingefettetes Blech und backe ihn bei 180 °C für drei Minuten.
3. Lass dann das Eigelb auf die Eischnee-„Wolke“ gleiten und backe das Ganze weitere zwei Minuten bei gleicher Temperatur.
4. Platziere die Wolke vorsichtig mit einem Pfannenwender auf einer Scheibe Toast.

Dafür brauchst du

- 1 Ei
- 10 g geriebenen Parmesan
- 1 Toastscheibe

Vorbereitungszeit: ca. 15 min
Koch-/Backzeit: 5 min

Portionen: 1

tipp

Verteile gehackten Schnittlauch auf deiner Wolke, um ihr eine herzhafte Note zu verleihen.

Luftiges Wolken-Ei auf Toast

So geht's

1. Halbiere die Würstchen und spieße jede Hälfte auf einem Schaschlikspieß auf.

2. Setze ein Messer schräg an und schneide die Wurst ein, bis das Messer auf den Spieß trifft. Dabei drehst du den Spieß langsam weiter. Auf diese Art entsteht eine Spirale, die du anschließend ganz vorsichtig auseinanderziehst.

3. Rolle dann den Pizzateig aus und schneide ihn in dünne Streifen, die du zu Rollen formst.

4. Die Rollen drückst du sanft in die aufgeschnittenen, spiralförmigen Lücken der Würstchen. Drücke die unteren Enden gut an den Spießen fest, damit der Teig an Ort und Stelle bleibt.

5. Jetzt legst du die Würstchen nur noch auf ein mit Backpapier ausgelegtes Blech und backst sie bei 180°C für 15 Minuten.

Dafür brauchst du

- 5 Hot-Dog-Würstchen
- 1 Rolle Pizzateig
- 10 Schaschlikspieße

Vorbereitungszeit: 10 min
Koch-/Backzeit: 15 min

Portionen: 10

tipp

Stelle etwas Ketchup und Senf als Dip bereit.

Tornado Hot Dog

So geht's

1. Ordne die Baconscheiben auf Backpapier zu einer Matte an, indem du die sechs Längs- und die sechs Querstreifen jeweils abwechselnd über- und untereinander legst.

2. Backe die Baconmatte anschließend 12 Minuten lang bei 180 °C, nimm danach eine kleine Schüssel zuhilfe und schneide einen runden Baconfladen aus.

3. Konstruiere ein Gestell aus zwei Gläsern, auf die du die Schaschlikspieße legst. Ggf. musst du die Spieße an den Enden zusammenbinden.

4. Hänge den Baconfladen über die Spieße und stelle alles zusammen für zwei Minuten bei 550 W in die Mikrowelle, wodurch der Fladen eine gebogene Form annehmen und nach dem Auskühlen behalten wird.

5. Bereite nun Rührei zu, indem du zunächst die beiden Eier mit dem Käse in einer Schüssel verrührst und anschließend in der Pfanne brätst.

6. Fülle mit dem Rührei deine mikrowellengeformte Tortilla aus Speck.

Dafür brauchst du

- 12 Scheiben Bacon
- 2 Eier
- 50 g Käse
- 2 Gläser
- 3 Schaschlikspieße

Vorbereitungszeit: ca. 20 min
Koch-/Backzeit: 14 min

Portionen: 1

tipp

Dekoriere den fertigen Frühstücksbacon-Taco noch mit etwas Schnittlauch.

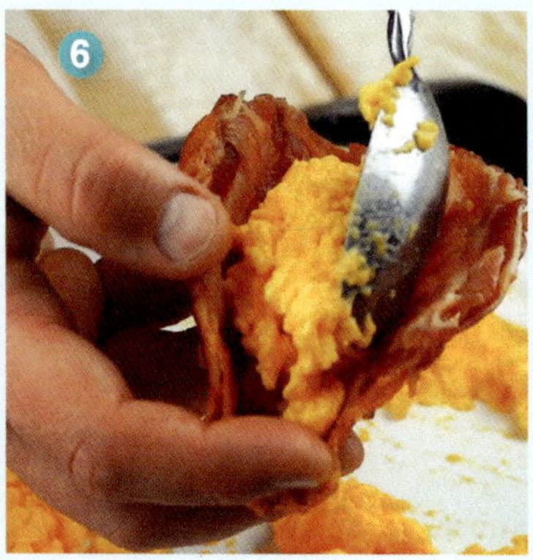

Frühstücksbacon Taco

So geht's

1. Rolle den Blätterteig aus und bestreiche ihn mit Frischkäse.
2. Bestreue ihn dann gleichmäßig mit Bacon und Cheddar.
3. Jetzt rollst du den Teig wieder zusammen und schneidest ihn mit einem scharfen Messer in 12 gleich große Portionen.
4. Setze die Scheiben auf ein Backblech, bestreiche sie mit Ei und backe sie bei 180 °C für 15 Minuten.

Dafür brauchst du

- 1 Rolle Blätterteig
- 125 g Frischkäse
- 75 g geriebenen Cheddar
- 5 Scheiben gewürfelten Bacon
- 1 verquirltes Ei

Vorbereitungszeit: ca. 10 min
Koch-/Backzeit: 15 min

Portionen: 12

tipp

Gib noch einen Schwung gewürfelte Zwiebeln und Petersilie hinzu.

Käse-Bacon Wirbel

So geht's

1. Rolle den Pizzateig aus und schneide ihn in vier gleich breite Längsstreifen.
2. In einer möglichst schmalen Linie legst du in die Mitte der Teigstreifen Schinkenwürfel und Mozzarella.
3. Drücke die Seiten der Teigstreifen so zusammen, dass die Füllung umschlossen wird.
4. Schlinge die Teigrollen zu Brezeln, bestreiche sie mit Ei und verteile Parmesan auf ihnen. Backe sie für 10 bis 13 Minuten bei 200 °C.

Dafür brauchst du

- 1 Packung Pizzateig
- 100 g gewürfelten Kochschinken
- 100 g geriebenen Mozzarella
- 100 g geriebenen Parmesan
- 1 verquirltes Ei

Vorbereitungszeit: ca. 15 min
Koch-/Backzeit: 13 min

Portionen: 4

tipp

Mit etwas Pizzasoße zum Dippen werden aus den Brezeln ganz schnell Pizzabrezeln.

Brezel mit Schinken und Käse

So geht's

1. Streiche eine Muffinform mit Öl aus.
2. Gib nun in jede Mulde einige Blätter Spinat und darauf Tomatenwürfel.
3. Gieße die Form dann mit dem Eiweiß auf und würze mit etwas Salz und Pfeffer.
4. Backe deine Mini-Omeletts bei 180 °C für 15 Minuten.

Dafür brauchst du

- 300 ml Eiweiß
- 1 gewürfelte Tomate
- 100 g frischen Spinat

Vorbereitungszeit: ca. 10 min
Koch-/Backzeit: 15 min

Portionen: 6

tipp

Gib für eine Extra-Portion Geschmack noch ein wenig Feta-Käse hinzu.

Mini-Omeletts mit Spinat und Tomate

So geht's

1. Schneide das Brot sowohl längs als auch quer in Streifen, sodass kleine Vierecke entstehen. Schneide bis knapp auf die Unterseite des Brotes, aber achte darauf, es nicht zu zerteilen.

2. Stecke in die so entstandenen Öffnungen des Brotes kleine Stückchen Käse.

3. Mische die Butter und den Knoblauch in einer Schüssel und würze mit Salz und Pfeffer.

4. Gib die Buttermischung mit einem Messer in die eingeschnittenen Spalten im Brot.

5. Schlage das Brot nun in Alufolie ein und backe es für 20 Minuten bei 200 °C.

6. Entferne die Folie und backe das Brot für weitere 5 Minuten.

Dafür brauchst du

- 1 großen Laib Brot
- 85 g weiche Butter
- Mozzarella
- 1-2 Knoblauchzehen
- Cheddar

Vorbereitungszeit: 15 min
Koch-/Backzeit: 25 min

Portionen: 4-6

tipp

Gib dem Brot eine pikante Note und füge der Buttermischung noch ein paar gehackte Frühlingszwiebeln hinzu.

Zupfbrot mit Käse und Knoblauchbutter

So geht's

1. Schneide zunächst die Zucchini in Scheiben. Je dünner, desto knuspriger wird das Ergebnis.
2. Tauche dann die Zucchini-Scheiben für etwa 10-15 Minuten in Milch. Sie dürfen sich ruhig ein bisschen damit vollsaugen.
3. Nun vermischst du die weiteren Zutaten. Dabei kommt es nicht auf das Gramm an.
4. Wälze dann jede Scheibe einmal von beiden Seiten in dem Paniermehl-Käse-Gemisch.
5. Lege die panierten Scheiben auf den Rost deines Backofens.
6. Backe sie bei 200 °C für circa 20-25 Minuten bzw. bis sie schön goldbraun geworden sind.

Dafür brauchst du

- Zucchini
- Milch
- 150 g Paniermehl
- 75 g Parmesan
- 5 g Knoblauchpulver

Vorbereitungszeit: ca. 15 min
Koch-/Backzeit: 25 min

Portionen: 1

tipp

Stelle etwas Sauerrahm mit Schnittlauch als leckeren Dip bereit.

Knusprige Zucchini-Chips

So geht's

1. Putze die Pilze, entferne die Stiele und höhle die Pilzkörper aus.
2. Mische den Knoblauch mit ein wenig geschmolzener Butter und bestreiche die Außenseite der Pilze damit. Salze und pfeffere sie anschließend noch.
3. Wende die Pilzköpfe und fülle sie mit einer dicken Scheibe Mozzarella und einigen Scheiben Tomaten.
4. Backe sie für 20 Minuten bei 180 °C.

Dafür brauchst du

- 6 große Champignons
- 2 gehackte Knoblauchzehen
- 2 Mozzarellakugeln, in Scheiben geschnitten
- 100 g Kirschtomaten, in Scheiben geschnitten

Vorbereitungszeit: ca. 10 min
Koch-/Backzeit: 20 min

Portionen: 6

tipp

Vor dem Servieren gibst du als Krönung noch einen Hauch Balsamico und frisches Basilikum auf die Pilze.

Champignons alla caprese

So geht's

1. Schneide die Aubergine in dicke Scheiben und lege sie auf ein Backblech.
2. Verteile 1 TL Salz über die Scheiben und warte ca. 30 Minuten ab. In dieser Zeit löst sich das Salz auf. Überschüssiges Wasser kannst du mit einem Stück Küchenrolle von den Scheiben tupfen.
3. Bestreiche die Scheiben mit 1 TL Pflanzenöl und würze sie mit Pfeffer und nach Wunsch noch mit etwas Salz.
4. Backe die Auberginen-Scheiben bei 180 °C für 25 Minuten im Ofen.
5. Nach dem Backen gibst du auf jede Scheibe Aubergine einen großzügigen Klecks Tomatensoße.
6. Verteile die Mozzarella-Bällchen auf den Scheiben und backe sie für weitere 5 Minuten bei 180 °C.
7. Garniere die Scheiben mit den klein geschnittenen, frischen Basilikumblättern.

Dafür brauchst du

- 1 Aubergine
- 350 ml Tomatensoße
- 200 g Mini-Mozzarella-Bällchen
- 10 fein geschnittene Blätter Basilikum

Vorbereitungszeit: ca. 15 min
Koch-/Backzeit: 30 min

Portionen: 4

tipp

Kröne deine Pizza-Häppchen mit geriebenem Parmesan.

Auberginen Pizza-Häppchen

So geht's

1. Teile die Avocado und entferne den Kern. Vergrößere das so entstandene Loch zusätzlich mit einem Löffel etwa auf Hühnereigröße und entferne außerdem vorsichtig die Schale der Frucht.

2. Das Ei muss pochiert werden. Lege dazu ein Stück Frischhaltefolie in ein kleines Schälchen und schlage das Ei in der Folie auf. Gib acht, dass das Eigelb unversehrt bleibt. Schließe die Folie mit einem Stück Bratenschnur zu einem Säckchen und lege dieses für 4 Minuten in kochendes Wasser. So erhält das Ei die perfekte Form, um in die Avocado zu passen.

3. Nimm das gekochte Ei aus der Folie und lege es in die Avocado, deren Hälften du nun wieder zusammendrückst.

4. Um sie fest zu schließen, umwickelst du sie vollständig mit den Baconscheiben.

5. Backe zum Schluss die Schinken-Avocado in heißem Öl von allen Seiten knusprig.

Dafür brauchst du

- 1 Avocado
- 1 Ei
- 5 Scheiben Bacon

Vorbereitungszeit: ca. 20 min
Bratzeit: 10 min

Portionen: 1

tipp

Gib eine Prise Paprikapulver auf das Ei, bevor du es in der Avocado platzierst.

Schinken-Avocado Überraschung

So geht's

1. Breite den Pizzateig auf deiner Arbeitsfläche aus und bestreiche ihn ordentlich mit der Pizzasoße.
2. Darauf verstreust du den Oregano, dann folgen Käse und Salamischeiben. Beim Belegen lässt du einen Teil vom Rand frei, damit die Zutaten im nächsten Schritt nicht zur Seite herausquellen.
3. Jetzt rollst du den Teig zu einer engen Rolle und schneidest ihn in etwa fingerdicke Stücke.
4. Gib diese auf ein Backblech und backe sie für 12 Minuten bei 200 °C.
5. Nach dem Backen spießt du die Röllchen auf einen dekorativen Papierstrohhalm.

Dafür brauchst du

- 1 Packung Pizzateig
- Pizzasoße
- Salami
- geriebenen Mozzarella
- Oregano

Vorbereitungszeit: ca. 10 min
Koch-/Backzeit: 12 min

Portionen: 15

tipp

Mit fein gehacktem Schinken und Ananas kannst du eine Hawaii-Version der Lollis zaubern.

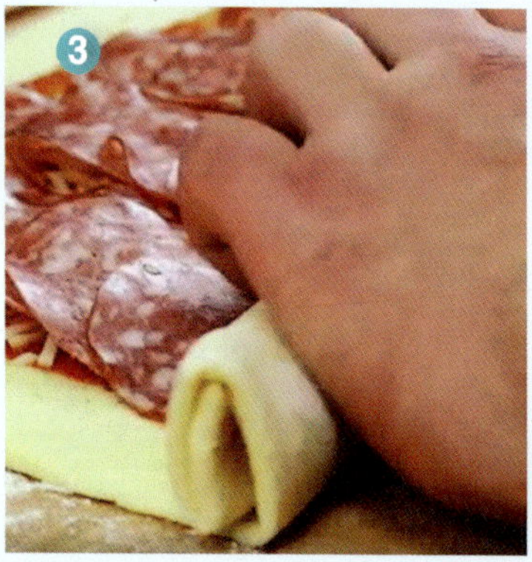

Pizza-Lollis

So geht's

1. Entrinde die Toastscheiben und rolle sie behutsam mit einem Nudelholz flach.
2. Platziere die ausgerollten Scheiben auf einem Backblech.
3. Gib dann Crème fraîche, Schinken, Sahne und Käse in eine Schüssel und vermenge die Zutaten zu einer Creme.
4. Verteile diese Käsecreme auf die Toastscheiben, die du schließlich bei 200 °C für 15 Minuten backst.

Dafür brauchst du

- 4 Scheiben Toastbrot
- rohen, gewürfelten Schinken
- 50 ml Sahne
- 200 g Crème fraîche
- 150 g geriebenen Käse

Vorbereitungszeit: ca. 10 min
Koch-/Backzeit: 15 min

Portionen: 4

tipp

Wenn du deinen Flammkuchen besonders herzhaft magst, garniere die Scheiben noch mit Schnittlauch und Zwiebeln.

Flammkuchen Toast

So geht's

1. Um die Fleischbällchen zuzubereiten, mische Hackfleisch, Zwiebel, Salz und Pfeffer nach Belieben und forme die Masse mit den Händen zu kleinen Bällen. Erhitze etwas Öl und brate die Bällchen rundherum braun an.
2. Mische die gekochten Spaghetti mit etwa 90 Gramm Parmesan und Olivenöl.
3. Drehe die Nudeln mit Gabel und Löffel auf und setze eine Portion in jede Mulde einer Muffinform.
4. Gib einen Löffel Tomatensoße in die Mitte der Pasta, setze ein Fleischbällchen darauf und gib auf dieses einen weiteren Klecks Soße. Bestreue die Portionen mit den übrigen 10 Gramm Parmesan.
5. Backe das Gericht für 20 Minuten bei 190 °C.

Dafür brauchst du

- 150 g Rinderhackfleisch
- 1 fein gehackte Zwiebel
- 100 g gekochte Spaghetti
- 100 g geriebenen Parmesan
- 120 ml Tomatensoße

Vorbereitungszeit: ca. 15 min
Koch-/Backzeit: 20 min

Portionen: 6

tipp

Garniere dein Mahl mit frisch geschnittenem Basilikum.

Spaghetti-Muffins mit Fleischbällchen

Hauptgerichte

So geht's

1. Reibe den Parmesan und lege ihn in einer runden, flachen Form auf ein mit Backpapier ausgelegtes Backblech. So backst du ihn bei 190 °C für 6-7 Minuten.

2. Nach dem Backen löst du den noch heißen Käsefladen vom Backpapier und stülpst ihn über die Außenseite einer Schüssel. Der Schüsselboden zeigt dabei nach oben. Nach dem Erkalten liegt der Käse in Schüsselform vor dir.

3. Während der Käse auskühlt, kochst du die Spaghetti al dente und hebst anschließend ca. 100 ml vom Pastawasser auf.

4. In dieses Wasser gibst du nun die abgetropften Nudeln, das Olivenöl und weiteren Parmesan-Käse und vermischst alles so lange, bis die Nudeln von einer cremigen Soße umhüllt werden.

5. Schließlich richtest du die Pasta in der nun kühlen Käseschüssel an und bestreust sie mit etwas weiterem Käse.

Dafür brauchst du

- 200 g Parmesan-Käse
- 100 g Spaghetti
- 3 EL Olivenöl

Vorbereitungszeit: ca. 15 min
Koch-/Backzeit: 6-7 min

Portionen: 1

tipp

Gib ein paar frische Kräuter hinzu, um den Geschmack zu verfeinern.

Parmesan-Pasta Schüssel

So geht's

1. Schäle die Ananas und höhle sie aus. Hebe das Kopf- und Fußstück für die spätere Verwendung auf.
2. Schneide die Hähnchenbrust in drei gleichmäßige Streifen und mariniere diese mit einer Mischung aus Öl, Paprikapulver, Cayennepfeffer und Salz.
3. Schiebe die marinierten Hähnchenstücke in die ausgehöhlte Ananas. Das Äußere der Frucht wiederum würzt du danach mit Paprikapulver und Cayennepfeffer.
4. Umwickle nun die gewürzte Ananas mit den Baconstreifen. Mithilfe von Zahnstochern kannst du diese befestigen.
5. Bestreiche die Streifen noch mit Barbecuesoße.
6. Nun verschließt du die Enden der Ananas mit dem zuvor beiseite gelegten Kopf- und Fußteil. Schaschlikspieße halten beide an Ort und Stelle.
7. Grille deine Ananas für 45-60 Minuten.

Dafür brauchst du

- 1 Ananas
- 200 g Hähnchenbrust
- 200 g Bacon
- 1 TL Cayennepfeffer
- 2 EL Barbecuesoße

Vorbereitungszeit: ca. 15 min
Koch-/Backzeit: 45-60 min

Portionen: 4

tipp

Gib für einen Extra-Schwung Geschmack ein wenig Paprikapulver zur Marinade und außen auf die Ananas.

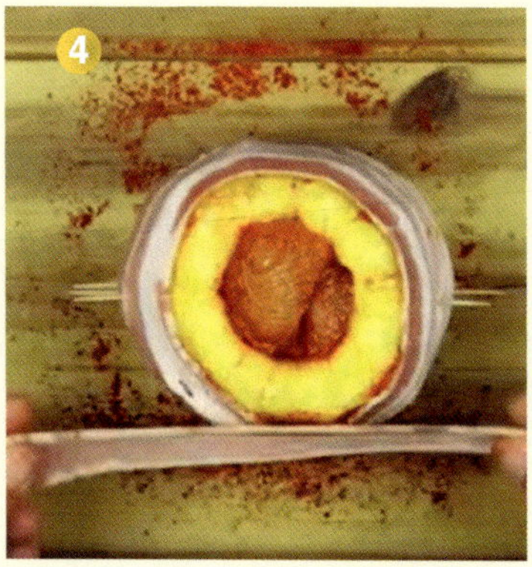

Grillananas mit Hähnchenfüllung

So geht's

1. Breite den Pizzateig aus und stich daraus mithilfe einer kleinen Springform drei Portionen aus. Backe die Böden für 10 Minuten bei 180 °C.

2. Aus dem übriggebliebenen Teig formst du eine Kugel, die du auf einer bemehlten Arbeitsfläche mit einem Nudelholz zu einem langen Strang ausrollst. Diesen drückst du um den Rand der Springform.

3. Lege den Boden der Springform mit der ersten der drei gebackenen Teigportionen aus.

4. Gib darauf einen Teil Tomatensoße, Käse und Salamischeiben. Diese Schritte wiederholst du für zwei weitere Schichten.

5. Schlage nach vollendeter Schichtung den oberen Teigrand nach innen um, damit der Kuchen eine schönere Form bekommt.

6. Backe den Kuchen für 40 Minuten bei 180 °C.

Dafür brauchst du

- Pizzateig
- Mehl
- 500 ml Tomatensoße
- 500 g geriebenen Käse
- 200 g Salami

Vorbereitungszeit: ca. 20 min
Koch-/Backzeit: 40 min

Portionen: 4

tipp

Ersetze die Salami durch Schinken und Ananas und mach einen Pizzakuchen Hawaii.

Pizzakuchen

So geht's

1. Bereite zunächst die Marinade zu, indem du Paprika, Currypulver, Chilipulver und Olivenöl vermischst.
2. Nimm zwei Einschnitte in das Schweinefilet vor, um es in drei gleich große Stränge zu teilen, aber schneide es nicht komplett durch.
3. Flicht die drei Stränge wie einen Zopf und streiche das geflochtene Schweinefilet anschließend mit der Marinade ein.
4. Lege das marinierte Schweinefilet auf ein Backblech und gib dieses bei 185 °C für 30 Minuten in den Backofen.

Dafür brauchst du

- 1 Schweinefilet
- 1 EL Paprika
- 1 TL Currypulver
- 1 TL Chilipulver
- 3 EL Olivenöl

Vorbereitungszeit: ca. 20 min
Koch-/Backzeit: 30 min

Portionen: 3-4

tipp

Gib für eine geschmackvolle Beilage gleichzeitig ein paar mit Olivenöl bestrichene und mit gehacktem Rosmarin garnierte Kartoffeln in den Ofen.

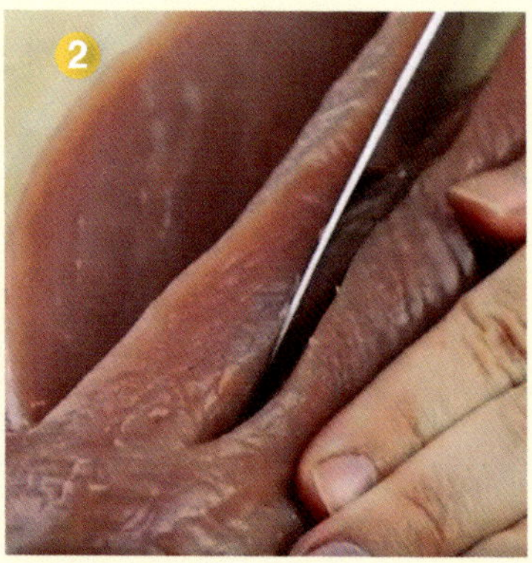

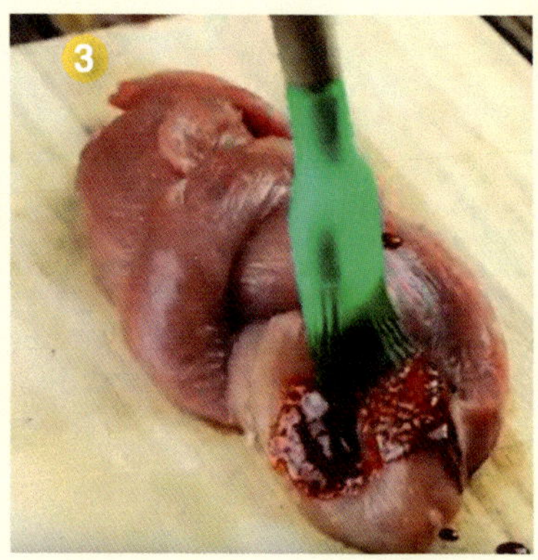

Marinierter Filet-Zopf

So geht's

1. Schneide die Zucchini und die Paprika mit einem Schäler in dünne Streifen.
2. Gib das Gemüse und den Rest der Zutaten in eine Auflaufform. Würze mit Salz und Pfeffer und vermische alles gut.
3. Backe das Ganze für 8-9 Minuten bei 200 °C.

Dafür brauchst du

- 2 Zucchini
- 1 gelbe Paprika
- 6-9 Garnelen
- 1 gehackte Knoblauchzehe
- 1 EL Olivenöl

Vorbereitungszeit: ca. 10 min
Koch-/Backzeit: 8-9 min

Portionen: 2

tipp

Gib für eine pikante Note nach dem Backen noch etwas Zitronensaft hinzu.

Zucchini-Pasta mit Garnelen

So geht's

1. Schneide das Baguette der Länge nach auf, doch gib acht, es nicht gänzlich zu durchtrennen.
2. Klappe das Baguette auf und belege es mit Mozzarella, Salami- und Käsescheiben.
3. Schließe das Baguette und drücke es behutsam zusammen.
4. Lege die Baconstreifen längsseitig leicht überlappend nebeneinander und dann das Baguette darauf. Dann beginnst du, das Baguette mit dem Bacon zu umwickeln.
5. Backe es dann bei 170 °C für 45 Minuten im vorgeheizten Ofen.

Dafür brauchst du

- 1 großes Baguette
- 350 g Salami
- 350 g Bacon
- 200 g Sandwichkäse
- 150 g geriebenen Mozzarella

Vorbereitungszeit: ca. 25 min
Koch-/Backzeit: 45 min

Portionen: 6-8

tipp

Gib noch etwas von deiner Lieblings-Sandwichsoße dazu oder stelle sie als Dip bereit.

Salami-Baguette im Bacon-Mantel

So geht's

1. Reibe die Kartoffeln und vermenge sie mit 100 Gramm Käse, zwei Eiern, Salz und Pfeffer.
2. Forme daraus einen großen, runden Fladen auf einem Backblech.
3. Backe diesen für 12 Minuten bei 200 °C.
4. Brate in der Zwischenzeit die Bacon-Scheiben knusprig an und schneide sie danach in kleine Würfel.
5. Bestreue den fertig gebackenen Fladen mit dem übrigen Käse. Gib Baconwürfel im Kreis auf den Rand sowie in zwei sich kreuzenden Linien, die durch den Mittelpunkt laufen.
6. Gib auf jedes der so abgetrennten Kreisviertel ein aufgeschlagenes Ei.
7. Backe das Gericht für weitere 15 Minuten bei 200 °C.

Dafür brauchst du

- 300 g geschälte Kartoffeln
- 200 g geriebenen Cheddar
- 6 Eier
- 6 Scheiben Bacon

Vorbereitungszeit: ca. 15 min
Koch-/Backzeit: 27 min

Portionen: 2-4

tipp

Verleihe deinem Gericht mit frisch geschnittenem Schnittlauch eine besondere Geschmacksnote.

Frühstücks-Rösti mit Ei

So geht's

1. Gib Ricotta, Dill und Sahne in eine Schüssel und mische alle Zutaten zu einer Creme.
2. Rolle den Pizzateig aus, lege ihn auf Backpapier und dann auf ein Backblech und bestreiche ihn gleichmäßig mit der Dill-Creme.
3. Bette darauf den in kleine Stückchen zerteilten Räucherlachs.
4. Rolle den Teig der Länge nach zusammen und schneide die Rolle längs in zwei Hälften.
5. Drehe die Hälften so ineinander, dass ein Zopf entsteht, und drücke dessen Enden gut zusammen. Forme dabei aus dem Zopf einen Kranz.
6. Backe den Zopf für 30 Minuten bei 180 °C.

Dafür brauchst du

- 120 g Räucherlachs
- 150 g Ricotta
- 1 Portion Pizzateig
- 50 ml Sahne
- 15 g gehackten Dill

Vorbereitungszeit: ca. 15 min
Koch-/Backzeit: 30 min

Portionen: 1

tipp

Träufle vor dem Essen noch ein bisschen frischen Zitronensaft auf den Zopf.

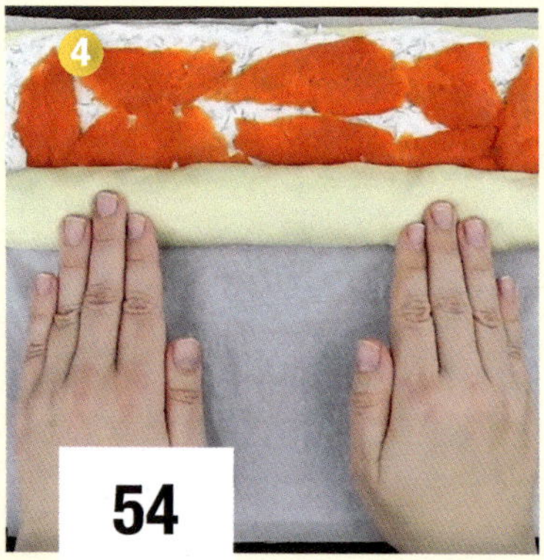

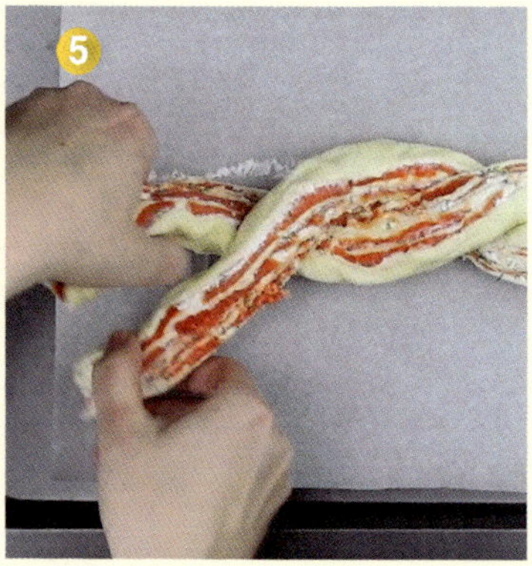

Lachs-Zopf

So geht's

1. Lege die Baconscheiben in einer kleinen Pfanne fächerförmig zu einem Kreis aus. Das Ende der Scheiben überlappt dabei den Pfannenrand. Die Innenfläche muss vollständig mit Schinken bedeckt sein.

2. Wasche die Kartoffeln und schneide sie in dünne Scheiben.

3. Lege den Boden der Pfanne mit einer Schicht Kartoffeln aus und salze und pfeffere diese. Bestreue die Scheiben dick mit Käse. Wiederhole die Schritte noch zweimal. Dabei legst du mit jeder Schicht weniger Kartoffelscheiben in die Pfanne.

4. Klappe dann die über den Pfannenrand ragenden Baconscheiben der Reihe nach über die Mitte zurück, sodass die oberste Schicht Käse vollständig bedeckt ist.

5. Backe die Tarte für 2 1/2 Stunden bei 170 °C.

Dafür brauchst du

- 45 Scheiben Bacon
- 5 mittelgroße Kartoffeln
- 400 g geriebenen Cheddar

Vorbereitungszeit: ca. 25 min
Koch-/Backzeit: 2 1/2 Stunden

Portionen: 6-8

tipp

Stelle zusätzlich ein Schälchen Ketchup oder Barbecuesoße zum Dippen bereit.

Kartoffel-Bacon-Tarte im Knuspermantel

So geht's

1. Breite den Blätterteig aus und platziere die Würstchen in der Mitte: vier Stück nebeneinander und darüber die übrigen vier.
2. Lege die Käsescheiben darauf.
3. Gib außerdem eine Schicht Gewürzgurken in Scheiben dazu.
4. Schneide den überstehenden Blätterteig an beiden Seiten im gleichen Abstand schräg ein, so dass sich Teigstreifen bilden.
5. Die Teigstreifen faltest du im Wechsel über die Füllung. So entsteht die Flechtoptik. Vergiss nicht, den Hot Dog an beiden Teigenden zusammenzudrücken.
6. Bestreiche den Teig mit dem verquirlten Ei.
7. Backe den Hot Dog für 20 Minuten bei 190 °C.

Dafür brauchst du

- 1 Portion Blätterteig
- 8 Hot-Dog-Würstchen
- 3 Scheiben Edamer
- Gewürzgurken
- 1 Ei, verquirlt

Vorbereitungszeit: ca. 25 min
Koch-/Backzeit: 20 min

Portionen: 4-6

tipp

Eine Schicht Röstzwiebeln sorgt für eine Extraportion Geschmack. Bei Bedarf kannst du auch noch Senf und Ketchup zum Dippen bereitstellen.

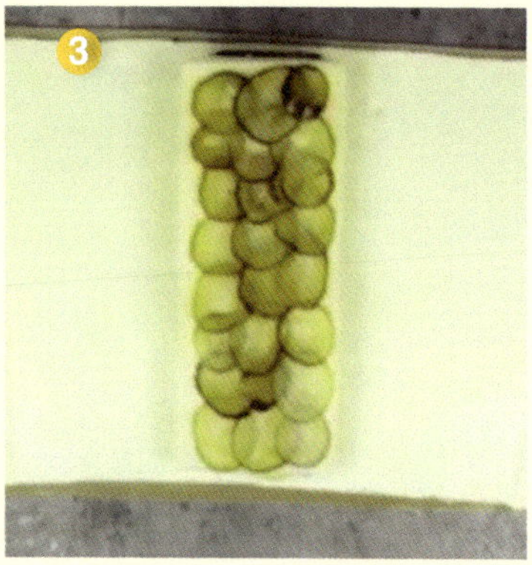

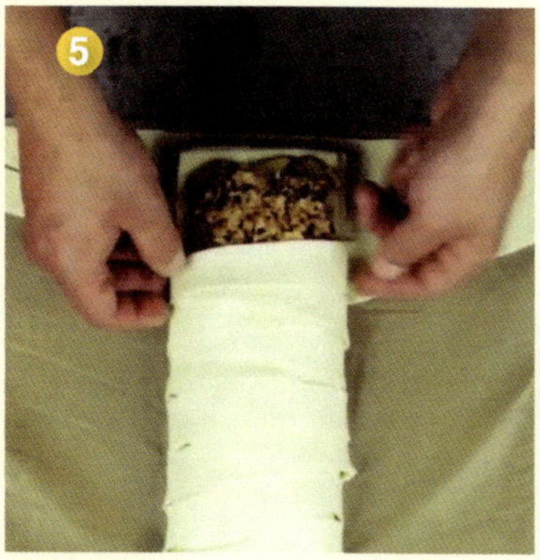

Hot Dog im Blätterteig

So geht's

1. Schneide 400 g der Zucchini in Streifen und brate sie in einer Grillpfanne beidseitig scharf an.
2. Salze und pfeffere den gekochten Reis gut. Dann vermenge ihn mit Ei und Parmesan.
3. Lege eine Backform mit Rohrboden mit den gegrillten Zucchini-Streifen so aus, dass sie den äußeren Rand überlappen.
4. Fülle die Form mit der Hälfte des Reises aus und drücke rundherum eine Mulde in seine Mitte. Schneide dann die noch verbliebenen 100 g Zucchini in Würfel und gib sie zusammen mit dem Kochschinken in die Mulde.
5. Decke die Füllung mit dem übrigen Reis ab und klappe die den Rand überlappenden Zucchini-Streifen darauf.
6. Nun backst du den Zucchini-Kuchen für 25 Minuten bei 180 °C.

Dafür brauchst du

- 500 g Zucchini
- 500 g gekochten Reis
- 3 Eier
- 100 g geriebenen Parmesan
- 150 g gewürfelten Kochschinken

Vorbereitungszeit: ca. 25 min
Koch-/Backzeit: 25 min

Portionen: 4-6

tipp

Bei Bedarf kannst du der Füllung noch etwas Mozzarella beigeben.

Herzhafter Zucchini-Kuchen

So geht's

1. Wasche die Kartoffeln und schneide sie in sehr dünne Scheiben. Die Schale kann dranbleiben.
2. Lege den Boden einer großen Auflaufform mit einer Schicht Kartoffeln aus.
3. Gieße einen Teil der Bolognesesoße auf die Kartoffeln.
4. Verteile dann den gewaschenen Babyspinat und eine Schicht Käse gleichmäßig darauf.
5. So stapelst du die Zutaten weiter, bis die Form voll ist: Kartoffeln, Soße, Spinat, Käse. Die allerletzte Schicht bildet der Käse.
6. Backe die Lasagne bei 160 °C für 1 1/2 Stunden.

Dafür brauchst du

- 3 große, mehligkochende Kartoffeln
- 500 g Bolognesesoße
- 50 g Babyspinat
- 300 g geriebenen Käse

Vorbereitungszeit: 20 min
Koch-/Backzeit: 1 1/2 Stunden

Portionen: 4-6

tipp

Probiere je nach Geschmacksvorliebe einfach auch mal andere Käsesorten aus.

Kartoffel-Lasagne

So geht's

1. Schneide die eine Kartoffel längs, die andere quer in dünne Scheiben.
2. Erhitze etwas Öl in einer Pfanne und brate die Scheiben von beiden Seiten braun an.
3. Lege den Boden einer Springform mit den quergeschnittenen Scheiben aus, den Rand hingegen mit den größeren, längs geschnittenen.
4. Mische alle übrigen Zutaten in einer Schüssel zu einer einheitlichen Masse.
5. Gib diese Masse auf die Kartoffeln und verteile sie gleichmäßig.
6. Backe die Torte für 30 Minuten bei 160 °C.

Dafür brauchst du

- 2 große Kartoffeln
- 350 g Spinat
- 220 g Frischkäse
- 100 g Fetakäse
- 2 Eier

Vorbereitungszeit: ca. 25 min
Koch-/Backzeit: 30 min

Portionen: 6-8

tipp

Verleihe der Torte eine Extraportion Geschmack und gib fein geschnittene Zwiebeln hinzu.

Spinat-Kartoffel Torte

So geht's

1. Schneide die Oberseite vom Brot ab. Sie wird später als Deckel dienen.
2. Lege den Camembert auf die Schnittfläche des „Brotkörpers“ und zeichne den Umriss des Käses mit einem Messer nach. Höhle das Brot innerhalb dieses Umrisses aus und lege den Käse hinein.
3. Schäle und koche die Kartoffeln. Sobald sie gar sind, wickele jede Kartoffel in eine halbe Scheibe Bacon.
4. Schließe das Brot mit der anfangs abgeschnittenen Oberseite, dem Deckel, und wickle es in Alufolie.
5. Backe es, mitsamt den Bacon-Kartoffeln auf einem separaten Blech, für 30 Minuten bei 180 °C im Ofen.

Dafür brauchst du

- 1 rundes Mischbrot
- 1 Camembert-Käse
- 16 kleine Kartoffeln
- 8 Scheiben Bacon

Vorbereitungszeit: ca. 15 min
Koch-/Backzeit: 30 min

Portionen: 4

tipp

Gib für eine weitere Geschmacksnuance gewürfelte Frühlingszwiebeln auf den Käse.

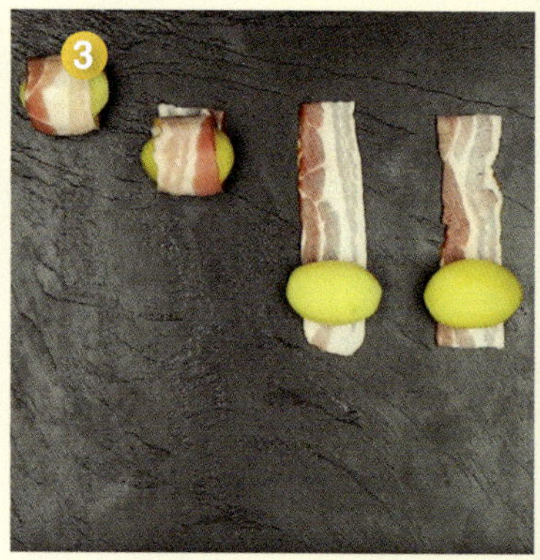

Käsefondue im Brot mit Bacon-Kartoffeln

So geht's

1. Erhitze etwas Öl in einer Pfanne und schwitze den Spinat an, bis er zusammengefallen ist.
2. Füge den Schmand hinzu und rühre ihn unter. Würze das Ganze mit Salz und Pfeffer.
3. Träufle nun den Zitronensaft hinzu und lass die Soße kurz weiterköcheln.
4. Gib die Lachswürfel und die bereits vorgekochten Nudeln zur Pfanne hinzu.
5. Rühre die Zutaten um und koche alles für drei Minuten. Dann kannst du dein Mahl servieren.

Dafür brauchst du

- 300 g gewürfelten Wildlachs
- 200 g Blattspinat
- 300 g Schmand bzw. saure Sahne
- 3 EL Zitronensaft
- 250 g gekochte Nudeln

Vorbereitungszeit: ca. 10 min
Koch-/Backzeit: 15 min
Portionen: 3-4

tipp

Als Krönung kannst du noch ein wenig Parmesan auf dem Gericht verteilen.

Spinat-Zitronen-Pasta mit Wildlachs

So geht's

1. Gieße die Milch in eine Pfanne, erhitze sie leicht, gib den Frischkäse hinzu und rühre so lange, bis der Frischkäse aufgelöst ist.
2. Gib 150 Gramm des Cheddars hinzu und rühre ein weiteres Mal, bis auch er sich vollständig aufgelöst hat.
3. Fülle eine Auflaufform mit den gekochten Blumenkohlröschen.
4. Gieße die Käsesoße darauf und würze mit Salz und Pfeffer.
5. Zum Schluss gibst du den restlichen Käse obenauf.
6. Backe den Auflauf für 40 Minuten bei 160 °C.

Dafür brauchst du

- 2 kleingeschnittene Blumenkohle
- 100 g Frischkäse
- 400 ml Milch
- 200 g geriebenen Cheddar
- 2 Eier

Vorbereitungszeit: ca. 25 min
Koch-/Backzeit: 40 min

Portionen: 6-8

tipp

Serviere das Gericht für eine herzhafte Note noch mit ein paar Frühlingszwiebeln und Bacon.

Blumenkohlauflauf mit Käse

So geht's

1. Rolle den Blätterteig kreisförmig aus, schneide ihn in spitzwinklige Dreiecke und ordne diese sternförmig an, mit den Spitzen nach außen.
2. Lege auf jeden Zacken des Sterns eine Scheibe Bacon.
3. Lege einen ersten Ring aus geriebenem Käse auf die Mitte des Sterns.
4. Gib fünf der sechs Eier und die gewürfelte Paprika in eine Pfanne und bereite daraus Rührei.
5. Verteile das Rührei ebenfalls ringförmig auf dem Käsering.
6. Lege eine zweite Schicht geriebenen Käse auf das Rührei.
7. Nun nimmst du die spitzen Enden der Teigecken und schlägst diese zur Mitte um, sodass ein Ring entsteht.
8. Verquirle das sechste Ei und bestreiche den Teigring damit. Backe diesen dann für 20 Minuten bei 180 °C.

Dafür brauchst du

- Blätterteig
- 8 Scheiben Bacon
- 6 Eier
- ½ gewürfelte Paprika
- 100 g geriebenen Cheddarkäse

Vorbereitungszeit: ca. 20 min
Koch-/Backzeit: 20 min

Portionen: 2-4

tipp

Experimentiere ein bisschen mit anderen Käsesorten, um deine ganz persönliche Version zu zaubern.

Blätterteigring mit Schinken-Ei-Füllung

So geht's

1. Gib die Milch in eine Pfanne, koche die Nudeln in ihr gar und würze mit Salz und Pfeffer. Vergiss nicht, dabei ständig umzurühren, um die Milch vor dem Anbrennen zu bewahren.
2. Füge 180 Gramm vom Käse und die Tomaten hinzu und mische die Zutaten unter, bis der Käse zerlaufen ist.
3. Wenn du keine gusseiserne Pfanne verwendest, gib die Mischung in eine ofengeeignete Auflaufform.
4. Streue den übrigen Käse und die Semmelbrösel auf das Gericht.
5. Backe es für 10 Minuten bei 180°C.

Dafür brauchst du

- 300 ml Milch
- 100 g große Nudeln
- 200 g geriebenen Cheddar
- 75 g gewürfelte Tomaten
- 75 g Semmelbrösel

Vorbereitungszeit: ca. 15 min
Koch-/Backzeit: 10 min

Portionen: 3

tipp

Gib zusätzlich zerbröselte Chips auf die Pfanne. Die sorgen für noch mehr Geschmack.

Käsenudeln aus dem Ofen

So geht's

1. Schneide die Oberseite des Camemberts lose, aber lasse sie auf dem Käse liegen. Platziere den Käse in der Mitte einer Springform.
2. Koche die Spaghetti in Salzwasser al dente und gieße sie ab.
3. Schneide den Bacon in Streifen und brate diese kross an.
4. Gib Spaghetti, Bacon, Parmesan und Eier in eine große Schüssel und mische alles gut durch.
5. Gib die Pasta um den Camembert herum in die Springform und backe das Gericht für 15 Minuten bei 210 °C.

Dafür brauchst du

- 250 g Spaghetti
- 200 g Bacon
- 4 Eier
- 100 g geriebenen Parmesan
- 1 Camembert

Vorbereitungszeit: ca. 15 min
Koch-/Backzeit: 15 min

Portionen: 4-6

tipp

Garniere das schmackhafte Krönchen mit einigen halbierten Kirschtomaten und gehackten Basilikumblättern.

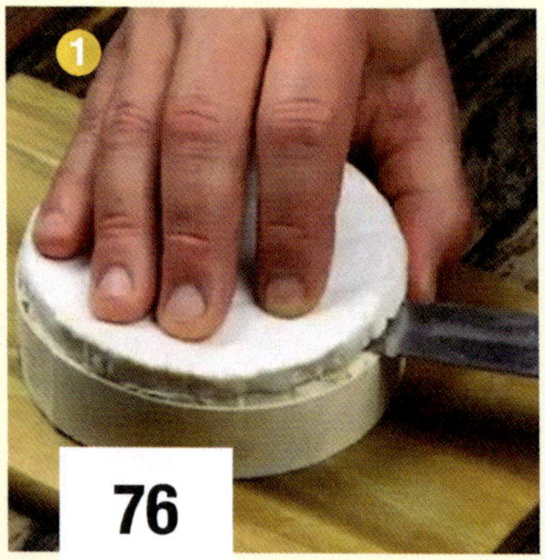

Carbonara-Krone mit Camembert

So geht's

1. Wasche die Paprika und schneide sie in dicke Streifen. Der Blätterteig wird in zwei Teile geschnitten, das eine sollte etwa 16 x 20 Zentimeter messen, das andere etwa 19 x 20 Zentimeter. Den schmaleren Teigteil schneidest du nun in 17 Einzelstreifen.

2. Lege 13 von ihnen nebeneinander. Platziere anschließend einen weiteren Streifen an einem Rand auf die 13 Streifen, aber versetzt im 90°-Winkel. Führe jeden zweiten der Streifen über den oben aufliegenden, als ob du die Seite eines Buches umblättern würdest.

3. Lege eine Reihe roter Paprikastreifen auf die nicht zurückgeklappten Teigstreifen. Blättere dann die zurückgeklappten Streifen wieder über den Paprika und wiederhole dieses Prozedere mit den anderen Paprikafarben.

4. Wenn du damit fertig bist, gib mit den drei restlichen Teigstreifen deinem Flechtwerk einen Rahmen, indem du sie ebenfalls an den Rand jeder Seite legst.

5. Belege den größeren Teil des Blätterteiges mit Kochschinken, darauf kommt der in Scheiben geschnittene Mozzarella. Würze mit Salz und Pfeffer und bepinsle die Seiten des Teiges mit dem verquirlten Ei.

6. Lege den bunt geflochtenen Blätterteig darauf und schlage die Seiten der unteren Teighälfte um, um die Tarte zu schließen.

7. Bepinsle nun noch einmal die ganze Tarte mit Ei und backe sie für 25 Minuten bei 190 °C.

Dafür brauchst du

- 4 Paprika (grün, rot, gelb und orange)
- 1 Rolle Blätterteig
- 4 Scheiben gekochten Schinken
- 125 g Mozzarella
- 1 Ei

Vorbereitungszeit: ca. 20 min
Koch-/Backzeit: 25 min

Portionen: 3

tipp

Gib für eine pikantere Geschmacksnote ein paar Zwiebelwürfelchen hinzu.

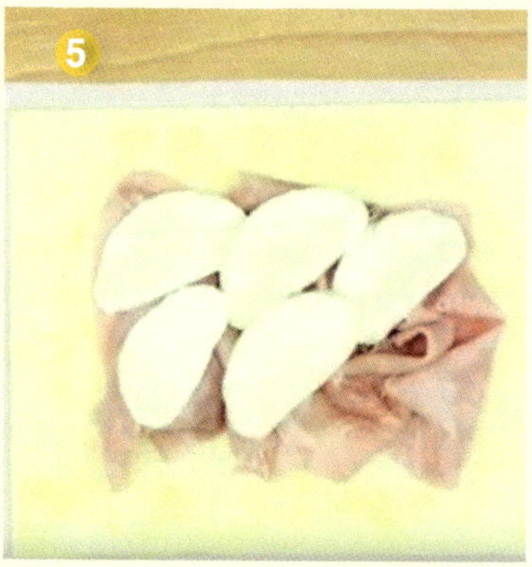

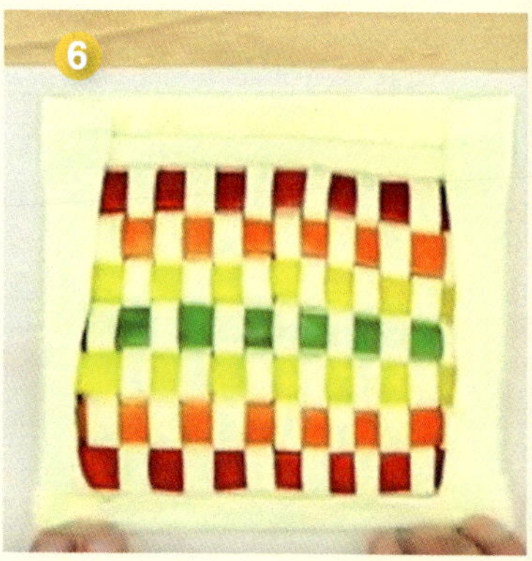

Schinken Gemüse-Tarte

Desserts

So geht's

1. Heize den Backofen auf 190°C vor. Rolle die erste Lage Blätterteig auf einem Backblech aus.
2. Gib dann die Nussnugatcreme in die Mitte des Teiges und verstreiche sie in Form eines spitzen Dreiecks.
3. Lege dann die zweite Lage Blätterteig darauf und schneide mit einem Messer den Teig entlang des Schoko-Dreiecks ab.
4. Schneide am unteren Ende ein etwa 3 cm hohes Stück heraus, aber lass in der Mitte Teig für den Baumstamm übrig.
5. Danach machst du alle 2 cm jeweils einen Schnitt nach links und nach rechts. Verringere die Abstände nach oben hin sukzessive.
6. Achte beim Schneiden darauf, dass der Stamm in der Mitte sowie die Spitze intakt bleiben.
7. Jeden der entstandenen „Äste" drehst du dann mit den Fingern ein- bis zweimal um die eigene Achse.
8. Aus den Resten des Blätterteigs schneidest du einen hübschen Stern aus und drückst ihn auf die Spitze des Weihnachtsbaums.
9. Pinsle den Baum großzügig mit dem verquirlten Ei ein.
10. Backe ihn für 15 Minuten bei 190 °C.

Dafür brauchst du

- 2 Rollen Blätterteig
- 4 EL Nussnugatcreme (z.B. Nutella)
- 1 geschlagenes Ei

Vorbereitungszeit: ca. 15 min
Koch-/Backzeit: 15 min

Portionen: 4-6

tipp

Dekoriere deinen Baum mit Schokostreuseln und kleingehackten Nüssen.

Schoko Weihnachtsbaum

So geht's

1. Schneide die Bananen in Scheiben.
2. Fülle die Scheiben in ein geeignetes Gefäß und stelle sie für mindestens 2 Stunden ins Eisfach.
3. Püriere die kalten Scheiben im Mixer, bis sie eine glatte Masse ergeben.
4. Nimm dir eine Kugel und genieße!

Dafür brauchst du

- 3 reife Bananen

Vorbereitungszeit: ca. 10 min

Portionen: 1

tipp

Gib für eine Extra-Nuance Geschmack noch eine Prise Zimt hinzu.

Bananeneis

So geht's

1. Mische Zucker und Zimt miteinander und streue etwa die Hälfte der Mischung auf die Arbeitsfläche.

2. Darauf legst du nun den Blätterteig. Den Rest der Zucker-Zimt-Mischung verteilst du auf dem Teig.

3. Rolle mit einem Nudelholz über den Teig – so wird die Zucker-Zimt-Mischung unten und oben festgedrückt.

4. Schlage beide Längsseiten des Teigs etwa einen Zentimeter um und drücke sie so fest, dass sie sich nicht wieder entrollen.

5. Rolle dann den Teig von beiden Seiten her gleichmäßig bis zur Mitte auf.

6. Schneide die Teigrolle in etwa zwei Zentimeter breite Stücke und lege diese auf ein Backblech. Der Teig geht noch auf, also lass ausreichend Platz zwischen den Portionen.

7. Backe die Öhrchen für acht Minuten bei 250 °C.

Dafür brauchst du

- 150 g Zucker
- 5 g Zimt
- 1 Rolle Blätterteig

Vorbereitungszeit: ca. 15 min
Koch-/Backzeit: 8 min

Portionen: 6-8

tipp

Tunke die Öhrchen vor dem Verzehr noch in Milch.

Zimt-Schweineohren

So geht's

1. Entrinde die Toastbrotscheiben und rolle sie mit einem Nudelholz flach.
2. Forme eine Kugel Vanilleeis und friere sie ein, bis sie gut ausgehärtet ist.
3. Lege die harte Kugel Eiscreme auf eine Scheibe Toastbrot, die zweite Scheibe obendrauf und schließe das Toastbrot fest um das Eis herum. Vor dem nächsten Schritt sollte das Eis erneut eingefroren werden, bis es möglichst fest ist.
4. Frittiere die brotummantelte Eiscreme für maximal 15 Sekunden, ehe du sie in der Zucker-Zimt-Mischung wälzt.
5. Garniere die Eiskugel mit Schokosoße.

Dafür brauchst du

- 1 Kugel Vanilleeis
- 2 Scheiben Toastbrot
- Zucker-Zimt-Mischung (100 g Zucker, 1 EL Zimt)
- Schokoladensoße

Vorbereitungszeit: ca. 20 min

Portionen: 1

tipp

Gib als Krönung noch ein paar geröstete Mandelsplitter auf die Kugel.

Heißer Vanille-Traum

So geht's

1. Tauche die Löffelbiskuits kurz in 100 Milliliter Milch und stelle sie, auf Frischhaltefolie gelegt, für vier Stunden kalt.
2. Erhitze 500 Milliliter Milch, füge das Puddingpulver hinzu und koche den Pudding nach Anweisung fertig. Falls erforderlich, kannst du ihn ein wenig mit Zucker süßen.
3. Den abgekühlten Pudding streichst du auf die Löffelbiskuits.
4. Schäle die Banane und lege sie auf das untere Drittel der Biskuits.
5. Rolle das Ganze mithilfe der Frischhaltefolie vorsichtig auf und stelle die Rolle eine Stunde kalt.
6. Befreie die Rolle aus der Folie und garniere sie mit einem Sahnehäubchen.

Dafür brauchst du

- 12 Löffelbiskuits
- 600 ml Milch
- 1 Packung Puddingpulver (Vanille)
- 1 Banane
- Schlagsahne

Vorbereitungszeit: ca. 15 min

Portionen: 3

tipp

Bestreue die Rolle mit etwas Kakaopulver oder nimm Schoko- statt Vanillepulver für eine schokoladige Version.

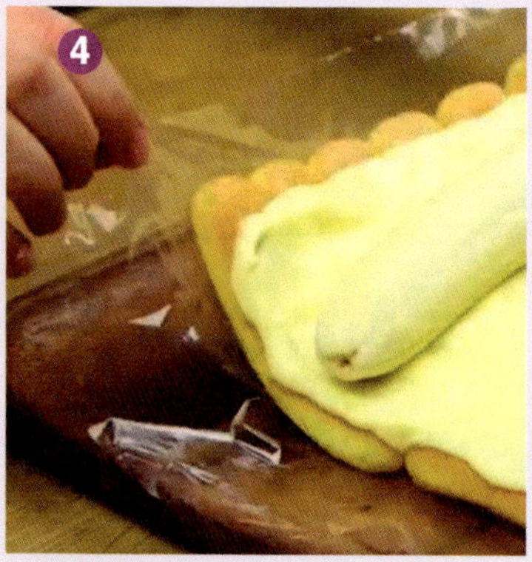

Löffelbiskuit-Rolle

So geht's

1. Gib alle Zutaten in eine große Schüssel und mische sie gut.
2. Gib den Teig in eine gefettete Backform und verteile ihn gleichmäßig.
3. Backe ihn für 15 Minuten bei 180 °C.

Dafür brauchst du

- 800 g Schokoladencreme (z.B. Nutella)
- 4 Eier
- 140 g Mehl

Vorbereitungszeit: ca. 10 min
Koch-/Backzeit: 15 min

Portionen: 12

tipp

Streue nach dem Backen für einen süßen Kick ein bisschen Puderzucker darüber.

Schokoladen Brownies

So geht's

1. Schäle und entkerne beide Äpfel und schneide sie in kleine Würfel.
2. Gib die Apfelwürfel mit dem Rohrzucker, dem Zimt und 100 ml Wasser in einen Topf, in dem du die Zutaten aufkochen lässt. Danach pürierst du die Mischung zu einer sämigen Masse.
3. Rolle den Mürbeteig auf einem Backblech aus und schneide ihn genau in der Mitte durch.
4. Auf der einen Hälfte verteilst du das Apfelmus, dann klappst du die andere Hälfte darauf.
5. Schneide den gefüllten Teig in gleichmäßig große Stifte.
6. Bestreiche diese mit einem verquirlten Ei und bestreue sie mit der Zucker-Zimt-Mischung.
7. Backe sie für 10-14 Minuten bei 180 °C.

Dafür brauchst du

- 2 Äpfel
- 75 g Rohrzucker
- Zucker-Zimt-Mischung
- 1 Lage Mürbeteig
- 1 Ei, geschlagen

Vorbereitungszeit: ca. 30 min
Koch-/Backzeit: 10-14 min

Portionen: 2-3

tipp

Stelle Vanille- oder Karamellsoße zum Dippen bereit.

Apfelkuchen Stäbchen

So geht's

1. Hacke die weiße Schokolade klein und bringe sie über einem Wasserbad vollständig zum Schmelzen.

2. Gieße danach drei Muffinformen vollständig mit ihr auf und dann wieder aus. Die am Rand haftende Schokolade härtet aus (im Kühlschrank geht das schneller) und bildet eine Form, die du behutsam herauslösen musst.

3. Tauche den Rand dieser Schokotassen in die flüssige Schokolade und drücke ihn in bunte Zuckerperlen.

4. Gib die übrige Schokolade in einen Spritzbeutel. Auf einem Backpapier zeichnest du damit drei große runde Scheiben und drei C-Formen, die die Henkel bilden werden.

5. Ist auch diese Schokolade ausgehärtet, gib einen kleinen Klecks Schokolade in die Mitte der Kreise und drücke die Schokotassen auf ihnen fest.

6. Tauche die Enden der Henkel ebenfalls in Schokolade und drücke sie an die Tassen, bis sie haften bleiben.

7. Schmilz für die Schokoladenmousse die dunkle Schokolade und hebe sie unter die steif geschlagene Sahne.

8. Fülle die Tassen mit Mousse auf und garniere sie mit je einer Cocktailkirsche.

Dafür brauchst du

- 400 g weiße Schokolade
- 100 g dunkle Schokolade
- 300 ml Schlagsahne
- Bunte Zuckerperlen
- 3 Cocktailkirschen

Vorbereitungszeit: ca. 15 min

Portionen: 3

tipp

Garniere die Tassen je nach Anlass, z.B. am Valentinstag mit Schokoladenherzen.

Schokoladentassen mit Mousse

So geht's

1. Köpfe die Äpfel an ihrer Oberseite und höhle sie mit einem Löffel aus, ohne die Außenhülle zu beschädigen.
2. Gib das ausgehöhlte Innere mit den Pekannüssen, braunen Zucker und etwas Butter in eine Schüssel und mische die Zutaten gründlich.
3. Fülle die Mischung in die beiden zuvor ausgehöhlten Äpfel.
4. Mithilfe der abgeschnittenen Apfeloberseite als Vorlage schneidest du aus dem Mürbeteig zwei Teigkreise.
5. Aus dem übrigen Teig schneidest du schmale Streifen. Diese flichtst du zu zwei „Matten“ und legst diese über die beiden Äpfel. Lege die beiden Teigkreise in eine Auflaufform und stelle die Äpfel darauf.
6. Bestreiche die Teigmatten mit einem verquirlten Ei und bestreue sie mit weiterem braunen Zucker.
7. Backe sie für 30 Minuten bei 170 °C.

Dafür brauchst du

- 2 Äpfel
- 30 g Pekannüsse
- 40 g braunen Zucker
- 1 Ei
- 1 Lage Mürbeteig

Vorbereitungszeit: ca. 20 min
Koch-/Backzeit: 30 min

Portionen: 2

tipp

Für eine Extraportion Geschmack kannst du noch eine Kugel Vanilleeis und etwas Karamellsoße auf die Äpfel geben.

Apfelkuchen im Apfel

So geht's

1. Bring die Zartbitter-Kuvertüre über einem Wasserbad zum Schmelzen.
2. Gib einen Esslöffel Schokolade in die Mitte eines Desserttellers und lass sie etwas fester werden, doch nicht vollständig aushärten. Bereite vier solcher Teller vor.
3. Blase vier Ballons von etwa acht Zentimetern Durchmesser auf und wasche sie vorsichtig ab. Dann müssen sie gut abgetrocknet werden.
4. Tauche dann die Ballons zu rund zwei Dritteln in die restliche Schokolade im Wasserbad.
5. Anschließend drückst du die Ballons auf die vier Schokoladensockel, die du vorher auf den Dessertstellern vorbereitet hast. Halte sie fest, bis sie von allein stehen bleiben.
6. Sobald die Schokolade vollständig ausgehärtet ist, kannst du die Ballons vorsichtig zerstechen und entfernen.
7. Für die Moussefüllung verflüssige die weiße Kuvertüre und mische sie mit der Schlagsahne.
8. Fülle die Mischung in die Schokoladeneier.
9. Drücke eine kleine Mulde in die Mousse, in die du dann einen Klacks Marmelade füllst.

Dafür brauchst du

- 400 g Zartbitter-Kuvertüre
- 100 g weiße Kuvertüre
- 250 ml Schlagsahne
- 50 ml Marmelade (z.B. Pfirsich oder Aprikose)
- 4 Ballons

Vorbereitungszeit: ca. 35 min

Portionen: 4

tipp

Du kannst z.B. mit bunten Zuckerstreuseln dem „Ei" noch einen Extra-Farbtupfer verleihen.

Sahne-Mousse
im Schoko-Ei

So geht's

1. Halbiere die Zitronen der Länge nach und presse sie behutsam aus, ohne dabei die Schalen zu zerstören. Du kannst auch erst die Zitrone mit einem Löffel aushöhlen und den Saft auspressen, indem du das Fruchtfleisch durch ein Sieb drückst.

2. Nun gibst du Zitronensaft, Brombeeren und Zucker in einen Topf und kochst die Zutaten auf. Danach lässt du sie für weitere fünf Minuten köcheln.

3. Nimm die Zutaten vom Herd und zerkleinere sie mit einem Pürierstab oder im Mixer. Danach streichst du die Mischung durch ein Sieb.

4. Sobald sie nur noch lauwarm ist, gibst du die Butter hinzu und lässt alle Zutaten vollständig abkühlen. Entnimm dann der Schüssel eine kleine Menge der Mischung und trage diese mithilfe der Rückseite eines Löffels auf die Innenseiten der ausgehöhlten Zitronenhälften auf.

5. Dann schlägst du die Sahne steif und hebst sie unter die übrigen Zutaten.

6. Gib die Creme in die Zitronenhälften und friere diese für etwa 12 Stunden ein.

Dafür brauchst du

- 4 große Zitronen
- 100 g Brombeeren (frisch oder tiefgekühlt)
- 100 g Zucker
- 130 ml Schlagsahne
- 1 EL Butter

Vorbereitungszeit: ca. 20 min

Portionen: 8

tipp

Genauso gut kannst diese Technik mit anderen Früchten anwenden und z.B. Himbeereis in einer Orangenschale servieren.

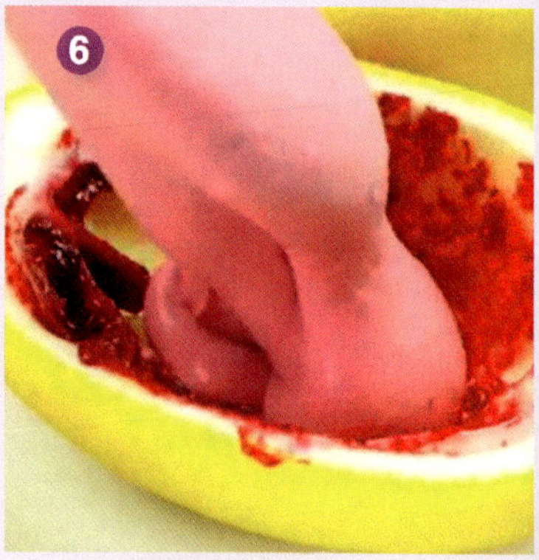

Brombeereis in der Zitronenschale

So geht's

1. Zerkleinere die Schokolade und bringe sie in einer Schüssel über dem Wasserbad zum Schmelzen.
2. Rühre die Butter sorgfältig in die geschmolzene Schokolade.
3. Schlage dann Zucker und Eier in einer zweiten Schüssel schaumig.
4. Füge Mehl hinzu und mische die Zutaten.
5. Gib die geschmolzene Schokolade in den Teig und verrühre das Ganze.
6. Teile den Teig auf sechs gefettete Muffinformen auf.
7. Backe ihn für sieben Minuten bei 220 °C.

Dafür brauchst du

- 110 g Butter
- 90 g dunkle Schokolade
- 110 g Zucker
- 45 g Mehl
- 4 Eier

Vorbereitungszeit: ca. 20 min
Koch-/Backzeit: 7 min

Portionen: 6

tipp

Bestreue dein Desserts vor dem Servieren noch mit etwas Puderzucker.

Moelleux au Chocolat

So geht's

1. Schneide die Bananen in insgesamt 12 dicke Scheiben. Platziere sie auf der Längsseite des ausgerollten Blätterteigs.

2. Schneide anschließend den Blätterteig in 12 Streifen, die genauso breit sind wie die Bananenscheiben.

3. Erhitze die Schokocreme in der Mikrowelle und lass sie auf die Bananenstücke laufen.

4. Nun rollst du den Blätterteig von der mit Bananen belegten Seite auf.

5. Stelle eine kleine ofenfeste Schüssel mittig auf ein Backblech. Lege dann die Teigrolle ringförmig um die Schüssel. Am Ende sollte ein geschlossener Kranz entstehen.

6. Bestreiche den Teig mit Ei, zerbröckele die Schokolade und gib sie in die Schüssel.

7. Backe den Ring für 20 Minuten bei 180 °C.

Dafür brauchst du

- 2 Bananen
- 1 Rolle Blätterteig
- 120 g Schokocreme (z.B. Nutella)
- 150 g Schokolade
- 1 verquirltes Ei

Vorbereitungszeit: ca. 20 min
Koch-/Backzeit: 20 min

Portionen: 3-4

tipp

Ersetze die Schokocreme durch Erdnussbutter und dringe in neue Geschmacksdimensionen vor.

Nutella Bananen-Ring

So geht's

1. Hacke die Schokolade klein und bringe sie in einer großen Schüssel über einem Wasserbad zum Schmelzen.

2. Füge außerdem Butter und Sahne hinzu und rühre die Masse gut um.

3. Lege den Boden einer Kastenform mit einer Schicht aus Oreo-Keksen aus.

4. Bedecke diese mit Schokoladenmasse, bis die Kekse vollständig darunter verborgen sind.

5. Nun folgt eine weitere Schicht Kekse, dann Schokolade usw., bis die Form voll ist. Die letzte Schicht sollte Schokolade sein.

6. Stelle den Kalten Hund dann für acht Stunden in den Kühlschrank.

Dafür brauchst du

- 800 g dunkle Schokolade
- 200 g Butter
- 250 ml Sahne
- 40 Oreo-Kekse

Vorbereitungszeit: ca. 15 min

Portionen: 4-6

tipp

Experimentiere ein bisschen und bereite den Kuchen mit immer wieder neuen Keksen zu.

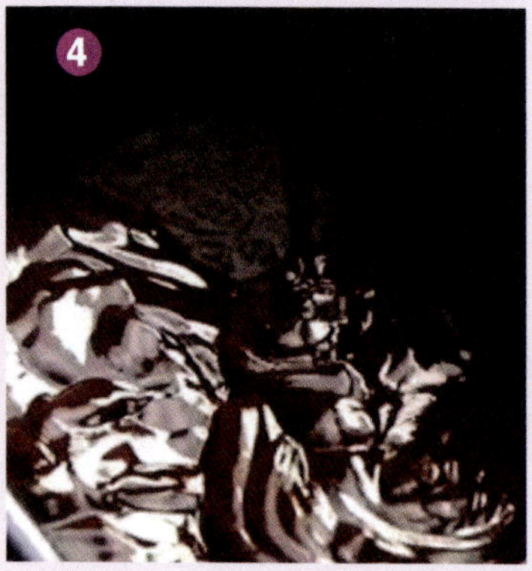

Kalter Hund mal anders

So geht's

1. Bereite eine Springform vor, indem du Boden und Rand mit passenden Stücken Backpapier bedeckst.
2. Gib die Himbeeren samt 80 Gramm Puderzucker in eine große Schüssel und zerdrücke sie mit einer Gabel.
3. Mische die Mascarpone mit 120 Gramm Puderzucker und einer Prise Salz.
4. Bedecke nun den Boden der Springform mit einer Schicht Löffelbiskuits. Brichst du sie in der Mitte, lassen sie sich besser anordnen.
5. Verteile die Hälfte der Himbeermasse auf den Löffelbiskuits und drücke sie mit einem Löffel fest.
6. Auf diese Schicht gibst du die Hälfte der Mascarpone.
7. Es folgen je eine weitere Schicht Löffelbiskuits, Himbeeren und Mascarpone.
8. Bedecke die Torte mit den Blaubeeren, die du ringförmig anordnest.
9. Stelle die Torte für 3 Stunden in den Kühlschrank.

Dafür brauchst du

- 24 Löffelbiskuits
- 400 g Mascarpone
- 200 g Puderzucker
- 250 g Heidelbeeren
- 600 g Himbeeren

Vorbereitungszeit: ca. 25 min

Portionen: 6-8

tipp

Bestreue die Torte mit Puderzucker, um ihr einen extrasüßen Geschmackskuss zu geben.

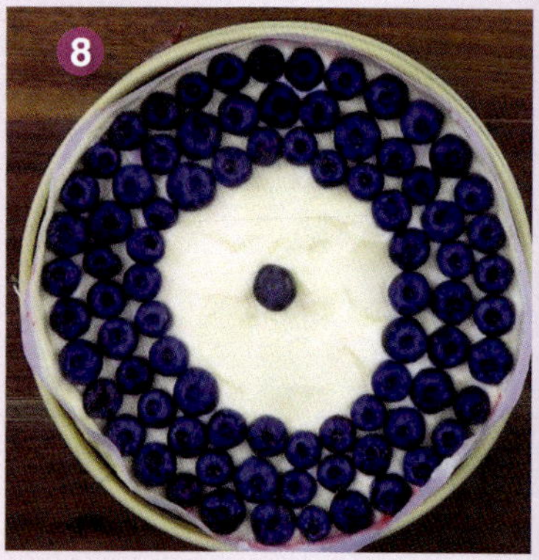

Löffelbiskuit-Torte mit frischen Beeren

Snacks

Hauptgerichte

Desserts

Das Leckerschmecker-Team -
sie machen es möglich:

Herstellungsleitung:
Inken Dworak
Joana Cidade
Marco Ogrzewalla
Patrick Piel

Kamera:
Joscha Durand
Giacomo Merchich
Oliver Fröhlich
Quan Tran
Niklas Thelen
Oliver Taranczewski
Lara Nelles
Ju Yong Kim

Rezeptassistenz:
Sarah Heitzler
Isabell Griesert

Köche:
Gregor Brühs
Oliver Stilla
Cristina Renz
Hannes Tschoep

Design:
Nicolas Buenaventura Arango

Layout:
Nicolas Buenaventura Arango
James Qureitem
Kosuke Nishimoto

Text und Lektorat:
Paul McCormick
Alexander Schölch
Martin Breit

www.leckerschmecker.me

facebook.com/leckerschmecker.me

instagram.com/leckerschmecker.me

pinterest.de/leckerschmeckerme

youtube.com/leckerschmecker

Bildnachweis: Zupfbrot mit Käse: S. 22 Olga Miltsova shutterstock.com / Knusprige Zucchini-Chips: S. 24 Elena Veselova shutterstock.com / Champignons alla Caprese: S. 26 gkrphoto shutterstock.com / Zucchini-Pasta mit Garnelen: S. 48 Elena Shashkina shutterstock.com / Herzhafter Zucchini-Kuchen: S. 62 Nataliya Arzamasova shutterstock.com / Kartoffel-Lasagne: S. 64 Sipovich Aliona shutterstock.com / Saftige Schokoladen-Brownies: S. 92 Goskova Tatiana shutterstock.com / Pizzakuchen: S. 44 shinyshot shutterstock.com / Tornado Hot Dog : S.12 Elena Shashkina shutterstock.com.

Copyright © Media Partisans 2017
Media Partisans GmbH
Berliner Str. 89
14467 Potsdam

ISBN: 978-3-00-057784-0

9810303R00068

Printed in Germany
by Amazon Distribution
GmbH, Leipzig